Fiche **notion**

Par Alberto Molina

L'art

LePetitPhilosophe.fr

Associez chaque citation à l'explication qui lui correspond.

Choisissez un sujet bac et construisez le plan de votre dissertation en y associant, si possible, certaines des citations et des explications reprises ci-dessus.

INTRODUCTION

La **remise en question permanente des règles, des fonctions et de la signification de l'art** fait qu'il est difficile d'en formuler une définition générale. On peut donc plutôt proposer une approximation historique :

- pendant la préhistoire, l'art remplit des fonctions rituelles et magicoreligieuses ;
- dans l'Antiquité et jusqu'à la Renaissance, voire même jusqu'au XVIIIe siècle, il est considéré comme une simple compétence technique et les artistes sont assimilés à des artisans ;
- au XIXe siècle, il acquiert une dimension spirituelle, l'artiste devient un génie, et l'imagination et l'expression prennent le pas sur la représentation ;
- au cours du XXe siècle, tous les critères traditionnels sont balayés : la nouveauté et l'originalité deviennent presque les seuls traits distinctifs de la création artistique ;
- aujourd'hui, les artistes sont souvent assimilés à des producteurs de biens de consommation culturels et l'existence de l'art en tant que tel est remise en question.

La problématique philosophique de l'art tourne autour de **deux thèmes récurrents : la beauté et la représentation**. La beauté artistique est-elle dans les œuvres ou dans le regard ? Est-ce une caractéristique objective de la réalité ou une expérience subjective ? L'expérience esthétique est-elle un plaisir intellectuel ou sensoriel ? L'art vise-t-il à représenter des choses externes ou à exprimer des émotions internes ? La qualité d'une œuvre d'art est-elle proportionnelle à la perfection technique et au réalisme de sa représentation ? La représentation est-elle autre chose qu'une copie de la réalité ? Avec les moyens techniques actuels, l'art est-il à la portée de tout le monde ?

<u>Niveaux de lecture :</u>

*** : incontournable

** : à ne pas négliger

* : pour approfondir

APPROCHES DE LA NOTION

L'ÉVOLUTION DE LA NOTION

> **BON À SAVOIR :**
>
> Le mot « **art** » vient du latin *ars* qui lui-même tire son sens du grec *tekhnê* (d'où procède notre « technique »). Dans la Grèce antique, la *tekhnê* est une activité basée sur la connaissance de certaines règles conduisant à la réalisation d'une œuvre bien faite. Elle fait référence à la fois à la sculpture, la peinture, la musique, le mime, le théâtre, la médecine, la rhétorique, la géométrie, la sagesse, la chasse, etc. Encore aujourd'hui, on l'emploie en ce sens dans des expressions comme « l'art de la guerre », « l'art de gouverner », « l'art de vivre », etc.

Un instrument au service de la vertu **

Dans *La République*, **Platon** (427-347 av. J.-C.) porte un **jugement très négatif sur les créations artistiques qui imitent les formes sensibles** (peinture, sculpture, poésie, théâtre, etc.), car ce ne sont à ses yeux que des copies dégradées des Idées. Celles-ci sont, dans sa philosophie, les modèles parfaits, éternels et immuables de toutes les choses sensibles. En imitant la nature, l'artiste ne saisit en effet qu'une apparence et non l'Idée qui en est le fondement. Par conséquent, d'après lui, **cette forme d'art éloigne les hommes de la recherche de la vérité.**

Cependant, étant donné le pouvoir de séduction qu'exercent les productions artistiques, le philosophe leur accorde **une fonction éducative** dans le cadre de la cité :

- les discours (poésie, rhétorique, récits) doivent proposer des modèles de vertu (citation 1) ;
- la musique doit aboutir à l'amour du beau, et éviter les mélodies plaintives ainsi que celles qui conduisent à « l'ivresse, la mollesse et l'indolence » ;
- la peinture, la sculpture, l'architecture et tous les autres arts doivent éviter de montrer « le vice, l'incontinence, la bassesse et la laideur ».

Ainsi, **l'art n'est pas une fin en soi et sa valeur dépend de son utilité morale**. À travers la représentation de la beauté et de la vertu, il a pour fonction d'éduquer la jeunesse.

Une connaissance technique au service de l'agréable ***

Aristote (384-322 av. J.-C.) affirme quant à lui que l'art (*tekhnê*) est une forme de connaissance technique. Pour lui, en effet, l'art est **une activité humaine basée sur la connaissance d'une règle consistant à produire des objets**, matériels ou intellectuels.

Par ordre d'importance, il distingue trois types de connaissance :

- **la connaissance théorique**, qui n'a ni finalité ni utilité et dont l'objectif est la contemplation intellectuelle de la réalité et de ses causes. Elle comprend la physique, la

métaphysique, les mathématiques et la théologie ;
- **la connaissance pratique**, qui vise à orienter et à guider les actions humaines. Elle comprend l'éthique, la politique et l'économie ;
- **la connaissance technique**, qui vise à produire des choses concrètes (poteries, peintures, discours, poèmes) ou des états (la santé). Elle comprend aussi bien l'architecture que la poésie et la rhétorique, ou encore la peinture, l'agriculture, la médecine, etc.

Parmi les connaissances techniques, Aristote distingue ensuite **celles qui visent l'utile et celles qui visent l'agréable**. Ce que nous appelons aujourd'hui l'« art » correspond à ces dernières.

Par ailleurs, Aristote établit une hiérarchie entre les arts mécaniques ou manuels et les arts qui ne dépendent que de la pensée : **l'art est d'autant plus élevé qu'il relève davantage de l'esprit et moins du corps**. La logique et la poésie sont donc supérieures à la peinture et la sculpture, par exemple.

Mis à part le fait de produire des objets, **les arts se caractérisent par la *mimesis***, c'est-à-dire par l'imitation ou la représentation de la nature ou des actions et émotions humaines conformément à des lois générales. La *mimesis* chez Aristote, contrairement à Platon, n'est pas dévalorisée. Il la considère comme quelque chose de naturel et comme une source de plaisir. Et le plaisir que suscitent ces représentations est lié, chez Aristote, au plaisir d'apprendre (citation 2).

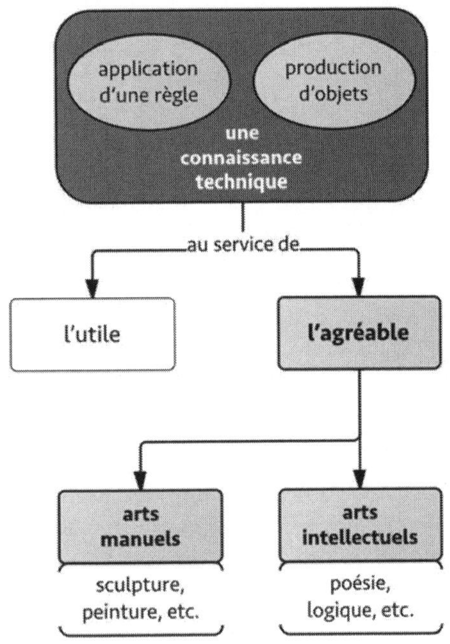

Une habileté au service de la spiritualité *

Pendant tout le **Moyen Âge**, l'art continue à être perçu comme **une habileté technique visant à produire des objets conformes à un idéal de beauté** (harmonie, ordre, proportion). Cela dit, les objets d'art au Moyen Âge ne sont jamais considérés depuis une perspective purement esthétique : ils sont d'abord et avant tout **dotés d'une finalité spirituelle et sociale**.

En effet, il s'agit souvent d'œuvres collectives à caractère religieux qui servent à la fois d'offrandes à Dieu et d'instruments pédagogiques. La peinture, la sculpture et l'architecture illustrent des passages de l'histoire biblique, interprètent les évènements mondains comme des signes du divin et proposent une représentation matérielle des réalités spirituelles.

Une représentation fidèle de la nature **

À la Renaissance, **Leon Battista Alberti** (1404-1472) et **Léonard de Vinci** (1452-1519) revendiquent l'importance de l'expérience sensible et la dignité de l'artiste. Le rôle de ce dernier est alors d'**observer la nature pour reproduire les formes sensibles aussi fidèlement que possible**.

Grâce à l'observation, l'artiste prend connaissance des structures qui se cachent derrière les apparences (il étudie par exemple l'anatomie humaine pour comprendre et représenter l'apparence des corps) et des mécanismes de la perception (il étudie par exemple les lois de la perspective). Malgré cela, à cette époque, seuls quelques artistes extraordinaires comme Léonard de Vinci et Michel-Ange (1475-1564) se distinguent suffisamment des autres pour cesser d'être assimilés à des artisans.

BON À SAVOIR :

La **Renaissance** est une époque de renouveau artistique

et philosophique qui se développe en Italie au XVe siècle et s'étend au reste de l'Europe au XVIe siècle. Elle puise son inspiration dans l'Antiquité gréco-romaine et sert de transition entre le Moyen Âge et la modernité.

Une expression du génie créateur **

Il faut attendre jusqu'aux XVIIIe et XIXe siècles pour que l'on distingue réellement les Beaux-Arts des autres activités pratiques et techniques. Avec les Lumières et le romantisme, **l'art acquiert de nouveau une dimension spirituelle**. Il est alors conçu comme une activité créative exceptionnelle, autonome et indépendante de la société, exercée par des hommes de génie.

D'après **Emmanuel Kant** (1724-1804), **l'artiste véritable est capable d'inventer ses propres règles au lieu de suivre celles des autres**. Il a la capacité d'innover et de produire des œuvres exemplaires (des chefs-d'œuvre) qui exigent des qualités hors du commun. C'est pourquoi l'artiste véritable est un génie. Or, puisque le génie de l'artiste est une capacité innée, un talent naturel, c'est aussi une expression de la nature (citation 3). L'art et la nature, chez Kant, sont donc intimement liés.

BON À SAVOIR :

Le siècle des **Lumières** désigne le XVIIIe siècle, caractérisé par la volonté des intellectuels de l'époque d'éclairer le monde à la lumière de la raison. Ils s'intéressent à la politique, à la religion, à l'éducation, etc., autant de domaines sur lesquels ils portent un regard particulièrement critique.

Le **romantisme** est un mouvement artistique et littéraire qui se développe en Europe dans la première moitié du XIXe siècle, en opposition à l'idéal classique. Il se caractérise notamment par une exacerbation de la sensibilité, par une sacralisation de la nature et par une quête de l'infini. Il revendique l'expression des expériences personnelles de l'artiste et l'exploration de nouvelles formes de représentation.

Un instrument de transformation de la réalité *

Au début du **XXe siècle**, les mouvements artistiques d'**avant-garde** comme le dadaïsme, le surréalisme, l'expressionnisme et le futurisme, rompent avec l'idée romantique de l'artiste mystique et génial enfermé dans une tour d'ivoire. Ils revendiquent au contraire **la création artistique comme un instrument de transformation de la réalité**. Ils veulent ainsi rétablir le lien entre l'art et la vie, entre l'art et la société.

BON À SAVOIR :

L'**avant-garde** fait référence aux mouvements littéraires et artistiques qui, dans la première moitié du XXe siècle, remettent en question tous les critères établis de l'art occidental et inventent une multitude de formes radicalement nouvelles d'expression artistique.

LE PROBLÈME DE LA BEAUTÉ

Pendant des siècles, l'art se devait d'être beau, mais aujourd'hui, ce n'est plus le cas. La beauté est une qualité parmi d'autres que l'artiste peut choisir ou non d'exprimer dans son œuvre.

On peut distinguer au moins deux sortes de beauté :

- **la beauté esthétique** est liée au plaisir sensoriel que procure l'œuvre à travers ses formes, ses couleurs, etc. ;
- **la beauté artistique** d'une œuvre réside dans la cohérence entre sa beauté esthétique et le concept ou l'idée qu'elle représente.

La beauté est-elle objective ou subjective ? *

L'idée classique selon laquelle **la beauté** est **une propriété des objets** qui obéissent à certaines règles d'harmonie et de proportion se retrouve aussi bien dans l'Antiquité qu'à la Renaissance et à l'époque des Lumières. Cependant, vers la fin du XVIIIe siècle, certains penseurs anglais et écossais commencent à étudier la beauté non plus comme une propriété objective des choses, mais comme **une sensation subjective des spectateurs**.

David Hume (1711-1776) considère que **la beauté est une qualité subjective qui dépend du raffinement des gouts de la personne** (citation 4)**. D'après lui, si nous tombons d'accord sur la beauté d'un objet, ce n'est pas parce que l'objet lui-même est beau, mais c'est parce que nous partageons des normes et des critères fixés par la culture**

et la société.. D'après lui, si nous tombons d'accord sur la beauté d'un objet, ce n'est pas parce que l'objet lui-même est beau, mais c'est parce que nous partageons des normes et des critères fixés par la culture et la société.

Qu'est-ce que le beau ? ***

Dans la *Critique de la faculté de juger* (1790), **Kant** explique pour sa part que le jugement de gout lié au beau est un jugement de valeur qui ne renseigne pas sur l'objet qualifié, mais sur celui qui juge : en disant « cette rose est belle », ce n'est pas de la rose que nous parlons, mais du sentiment que nous éprouvons à la contempler. Cependant, il nous semble que la beauté est une qualité propre de la chose et que notre sentiment n'est pas motivé par un plaisir personnel. En effet, au lieu de dire « cela me plait », nous disons « c'est beau », car nous estimons que quiconque observant le même objet doit nécessairement porter le même jugement (citation 5).

Dès lors, d'après Kant, **il faut distinguer l'agréable du beau** :

- l'agréable est un jugement de gout qui exprime un sentiment de plaisir personnel (par exemple : « J'aime cette rose ») ;
- le beau, en revanche, est un jugement de gout qui prétend avoir une valeur universelle (par exemple : « Cette rose est belle »).

Autrement dit, ce que nous jugeons comme étant agréable ne l'est que pour nous, tandis que ce que nous jugeons comme étant beau est censé être reconnu comme tel par tout le monde.

Cela conduit le philosophe à distinguer **trois types d'art** :

- **l'art mécanique**, où le créateur se contente d'appliquer les normes qui le régissent ;
- **l'art agréable**, qui a pour finalité le plaisir des sens ;
- **l'art beau**, qui consiste en une création libre (absence de règles) et désintéressée (absence de finalité) qui requiert à la fois de l'imagination, du gout et une habileté technique.

L'art beau ne poursuit pas la représentation de beaux objets, mais **la belle représentation des objets**. Il n'exclut pas la laideur des choses, mais transmute cette laideur en beauté de la représentation. C'est-à-dire que l'on peut représenter une scène affreuse et provoquer une sensation de déplaisir tout en produisant un chef-d'œuvre du point de vue de la représentation et, par conséquent, en engendrant un sentiment de satisfaction artistique.

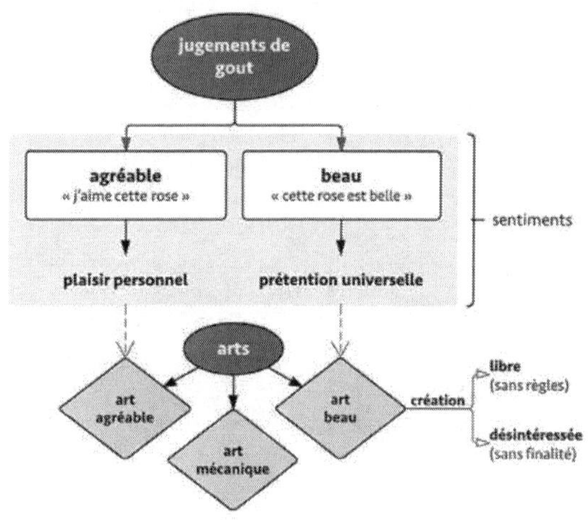

Le dépassement romantique de la beauté classique ***

À partir de la fin du XVIIIe siècle, les penseurs et les artistes romantiques renouvèlent en profondeur les thèmes et les formes de l'art occidental en ouvrant la porte à la subjectivité de l'artiste et à l'innovation technique. Pour eux, la beauté n'est plus limitée par les normes de l'idéal classique, c'est-à-dire par la représentation de formes harmonieuses, bien proportionnées et sereines.

D'après **Georg Wilhelm Friedrich Hegel** (1770-1831), **la beauté de l'œuvre doit exprimer la beauté de l'âme elle-même** (citation 6). Pour lui, l'art n'est pas une simple imitation de la nature, mais un reflet de l'esprit. C'est-à-dire que l'expression d'une idée ou d'un sentiment de l'artiste devient au moins aussi importante que la beauté purement formelle. L'œuvre d'art devient dès lors une libre expression du génie.

L'art romantique se caractérise notamment par **la représentation des passions humaines**, y compris dans leurs manifestations les plus violentes. Les artistes de cette époque puisent ainsi dans leur imagination pour stimuler celle des spectateurs. Et cette stimulation passe par exemple par le **gout du terrible** que reflètent *Le Radeau de la méduse* de Théodore Géricault (1791-1824) et les peintures dites noires de Francisco de Goya (1746-1828).

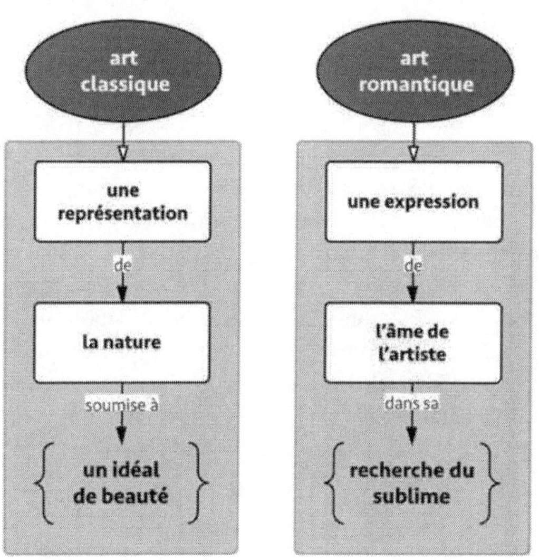

Au-delà du beau : le sublime **

Le sublime acquiert à l'époque romantique une importance considérable. Tandis que la beauté est liée aux sentiments de béatitude, de sérénité et de plaisir, le sublime est au contraire associé à la curiosité humaine pour ce qui est indéterminé, extravagant, inquiétant ou morbide. Il se manifeste à travers le caractère grandiose d'un paysage, le ravissement d'une expérience mystique ou la violence d'un phénomène naturel.

Dans *Le Monde comme volonté et comme représentation* (1818), **Arthur Schopenhauer** (1788-1860) décrit avec des exemples les différentes étapes ou degrés qui séparent les sentiments du beau et du sublime :

- pour lui, la beauté est un sentiment de plaisir qui nait de l'observation d'objets banals, comme une fleur ;
- au contraire, **le sublime est un sentiment que l'on ressent face à ce qui nous dépasse et nous déborde**, face à ce qui est trop beau, trop terrifiant ou trop immense. À son comble, l'impression du sublime se produit à la vue d'une force incomparablement supérieure qui dépasse l'individu et le menace, ou bien encore dans la contemplation de temps et d'espaces infinis en comparaison desquels l'individu est un néant (citation 7).

L'esthétique du laid *

Karl Rosenkranz (1805-1879) écrit dans l'*Esthétique du laid* (1853) que **la représentation de la laideur fait aussi partie de la vérité**. La beauté n'existe que parce qu'existe aussi le laid. Et bien que le laid ne saurait être l'objet exclusif de l'art, celui-ci ne peut pas non plus s'en passer.

Pour concilier ces deux aspects de la réalité, Rosenkranz propose le comique. Selon lui, **le comique nait de la tension entre le beau et le laid**, le positif et le négatif, l'affirmation d'un idéal et sa négation ; une tension au terme de laquelle le laid reconnait la victoire du beau et ses effets négatifs se dissipent.

Le rejet artistique de la beauté **

Les **avant-gardes artistiques** du début du XXᵉ siècle utilisent quant à elles sciemment la laideur et le scandale pour faire réagir le public. Pour elles, la fonction de l'art n'est pas de susciter un plaisir esthétique, mais de provoquer une prise de conscience qui permette la transformation de l'homme et de la société.

L'art de cette époque est en partie une expression de la révolte contre les lois et les valeurs morales de la société bourgeoise. Or la beauté étant conçue comme une expression de certaines valeurs morales, comme la bonté, par exemple, le refus de ces valeurs implique une prise de distance de l'art vis-à-vis de la beauté. C'est ainsi qu'apparait **une esthétique de la laideur qui prône la répulsion pour montrer la réalité telle qu'elle est et tenter de la transformer**. L'un des exemples les plus frappants de cette démarche est la peinture de Francis Bacon (1909-1992) dont les portraits montrent presque toujours des corps et des visages déformés et mutilés.

LE PROBLÈME DE LA REPRÉSENTATION

L'art comme *mimesis* *

La tradition de l'art occidental accorde plus d'importance à la représentation qu'à l'expression, et cette représentation est entendue tout d'abord comme *mimesis*, c'est-à-dire comme copie ou imitation : **l'art doit avant tout représenter la nature, les personnes ou les idées** en obéissant à des règles formelles.

Il faut attendre le XIXe siècle pour que les philosophes et les artistes mettent l'accent sur la dimension expressive de l'œuvre d'art. Pour les romantiques, il ne s'agit plus seulement de représenter des choses, mais aussi d'exprimer des sentiments, des idées et des connaissances. Cependant, ce n'est qu'au XXe siècle que les artistes se libèrent réellement de l'impératif de la représentation et avancent vers l'abstraction, c'est-à-dire vers un art non figuratif.

L'art comme manifestation de la réalité de l'artiste *

Le philosophe et critique d'art **Konrad Fiedler** (1841-1895) affirme quant à lui que **l'art n'est ni une représentation de la nature ni l'expression d'une idée**. Il prend ainsi le contrepied du romantisme, et revendique l'indépendance de la création artistique par rapport à la nature et à la philosophie.

À partir d'une réflexion sur le rapport de l'homme au monde, il affirme :

- d'une part que la réalité n'a pas d'existence indépendante des perceptions que nous en avons ;
- d'autre part que le langage, verbal ou plastique, est le véhicule à travers lequel nous donnons forme à la réalité telle que nous la connaissons. Autrement dit, le langage n'est pas la représentation d'une réalité hors de nous, car nous ne connaissons la réalité que par les processus opérant en nous et par nous.

Depuis cette perspective, la production artistique n'est pas une représentation de la réalité extérieure, mais **la présentation de la réalité de l'artiste**.

Les idées de Fiedler ont influencé de nombreux artistes d'avant-garde et ont été décisives pour le développement de la peinture abstraite où les formes perdent leurs références objectives pour mieux exprimer l'expérience de l'artiste. Ainsi, **l'art devient une forme d'appropriation de la réalité qui développe ses propres conditions formelles de visibilité**. La célèbre phrase de Paul Klee (1879-1940) : « L'artiste ne restitue pas le visible, il rend visible » traduit bien la pensée de Fiedler et son influence sur les artistes qui s'écartent de la figuration.

De la représentation de la réalité à sa présentation *

Au début du XX\ :sup: siècle, les artistes d'avant-garde se lancent dans une investigation sur les éléments constitutifs de l'œuvre d'art. L'un des premiers résultats de cette investigation est l'invention par **Pablo Picasso** (1881-1973) de la technique du collage en 1912, qui consiste à coller un objet réel sur une toile. Par exemple, au lieu de peindre un journal posé sur une table, Picasso y colle un vrai morceau de papier journal. **Au lieu de représenter la réalité, il la fait entrer dans le tableau**.

En 1917, **Marcel Duchamp** (1887-1968) rompt encore plus radicalement avec l'idée de la représentation artistique lorsqu'il envoie à l'exposition des indépendants de New York un urinoir acheté dans le commerce. Cette sculpture de Duchamp abandonne tout élément représentatif. Ainsi, **on**

**passe de la représentation d'un objet à sa présentation
pure et simple**.

Au cours des décennies suivantes, les artistes poursuivent la
réflexion sur les limites de leur discipline et sur les éléments
distinctifs de la création artistique. L'une des conclusions de
cette réflexion est la dématérialisation de l'œuvre d'art par
les artistes conceptuels.

<u>**BON À SAVOIR :**</u>

L'**art conceptuel** est un mouvement artistique qui
apparait dans les années 1960, inspiré par Marcel
Duchamp. Il accorde plus d'importance aux idées
qu'aux objets matériels qui leur servent de support.
Dans certains cas, l'œuvre n'est pas autre chose que
l'idée elle-même.

La représentation comme enjeu politique et sociétal *

Aujourd'hui, la question n'est plus de savoir si l'art doit
être représentatif ou pas, mais de comprendre **comment
les différentes formes de représentation auxquelles
nous sommes quotidiennement exposés influent sur
notre perception de la réalité**. Car les images ne sont pas
neutres. La peinture, la photographie, le cinéma, la télévi-
sion, les magazines, les jeux vidéo, etc., sont non seulement
des reflets de notre société, mais aussi des instruments
de manipulation des opinions et des valeurs. L'image de la

femme dans la publicité, l'image de la guerre dans les journaux télévisés ou encore l'image de la sexualité au cinéma modèlent la perception et l'interprétation du monde qui nous entoure.

C'est la raison pour laquelle **le contrôle de l'image et des modes de représentation est aujourd'hui plus que jamais un enjeu crucial** pour les groupes d'opinion, les gouvernements, les marques commerciales, les mouvements terroristes, etc. La représentation n'est donc plus seulement un problème esthétique ou artistique, mais aussi et surtout un problème politique et sociétal.

EN RÉSUMÉ

Dans l'Antiquité grecque, l'art est une technique caractérisée par la *mimesis*, c'est-à-dire par l'imitation de la nature et des actions ou émotions humaines. Cependant, tous les philosophes ne lui prêtent pas la même valeur ni la même fonction. **Platon** rejette la *mimesis* et n'accorde aux arts le droit de cité que dans la mesure où ils jouent un rôle éducatif. **Aristote**, au contraire, les voit comme une connaissance technique visant à produire des choses belles.

À la Renaissance, l'artiste devient un observateur de la nature qui cherche à en donner la représentation la plus fidèle possible tout en respectant les canons de beauté. Ensuite, aux XVIIIe et XIXe siècles, l'art devient l'expression du génie créateur, capable d'inventer ses propres règles.

L'une des questions les plus débattues par les philosophes est le problème de la beauté. Pour **Hume**, la beauté est un plaisir sensoriel subjectif qui dépend de l'observateur. En revanche, pour **Kant**, il faut distinguer l'agréable, dépendant de l'observateur, et le beau, censé être reconnu comme tel par tout le monde.

L'art romantique cesse d'obéir aux canons de beauté classiques. D'un côté, comme l'explique **Hegel**, la beauté artistique doit être l'expression de la beauté de l'âme. De l'autre, les artistes accordent une importance grandissante au sublime, que **Schopenhauer** décrit comme le sentiment produit par la vue d'un immense objet menaçant.

L'autre problème de la philosophie de l'art est celui de la représentation. Les arts plastiques en Occident ont toujours été figuratifs et représentatifs, mais, au début du XXe siècle, **les artistes d'avant-garde** remettent en question toutes les normes traditionnelles de l'art pour ouvrir de nouvelles voies d'expression.

Votre avis nous intéresse !
Laissez un commentaire sur le site de votre librairie en ligne
et partagez vos coups de cœur sur les réseaux sociaux !

POUR ALLER PLUS LOIN

- ARISTOTE, *La Poétique*, traduction de Roselyne Dupont-Roc et de Jean Lallot, Paris, Seuil, 1980.
- BENJAMIN (Walter), *L'Œuvre d'art à l'époque de sa reproductibilité technique*, Paris, Allia, 2011.
- CAUQUELIN (Anne), *Les Théories de l'art*, Paris, PUF, 2010.
- CENTRE POMPIDOU, *Art et Philosophie. La perception, un choix de textes philosophiques*, Dossiers pédagogiques, 2011, accessible en ligne (www.centrepompidou.fr, Ressources en ligne, Dossiers pédagogiques).
- CROCE (Benedetto), *Essais d'esthétique*, Paris, Gallimard, 1991.
- DANTO (Arthur), *La Transfiguration du banal*, Paris, Seuil, 1989.
- ECO (Umberto), *L'Œuvre ouverte*, Paris, Seuil, 1979.
- GOODMAN (Nelson), *Langages de l'art*, Paris, Fayard, 2011.
- HEGEL (Georg Wilhelm Friedrich), *Esthétique*, traduction de Samuel Jankélévitch, Paris, Flammarion, 1979.
- HEIDEGGER (Martin), « L'origine de l'œuvre d'art », in *Chemins qui ne mènent nulle part*, Paris, Gallimard, 1986.
- HUME (David), *Essais esthétiques*, traduction de Renée Bouveresse, Paris, GF-Flammarion, 2000.
- KANDINSKY (Vassily), *Du spirituel dans l'art et dans la peinture en particulier*, Paris, Gallimard, 1988.
- KANT (Emmanuel), *Critique de la faculté de juger*, traduction d'Alexis Philonenko, Paris, Vrin, 1965.
- LACOSTE (Jean), *La Philosophie de l'art*, Paris, PUF, 2010.
- LACOSTE (Jean), *L'Idée de beau*, Paris, Bordas, 1993.

- PLATON, *La République*, Paris, Les Belles Lettres, 1933.
- SCHOPENHAUER (Arthur), *Le Monde comme volonté et comme représentation*, traduction d'Auguste Burdeau, Paris, Librairie Félix Alcan, 1912.

TESTEZ VOS CONNAISSANCES !

ASSOCIEZ CHAQUE CITATION À L'EXPLICATION QUI LUI CORRESPOND.

- **Citation 1 :** « S'ils imitent, que ce soient les qualités qu'ils leur convient d'acquérir dès l'enfance [...], mais la bassesse, ils ne doivent ni la pratiquer ni savoir habilement l'imiter, non plus qu'aucun des autres vices de peur que de l'imitation, ils ne recueillent le fruit de la réalité. » (PLATON, *La République*, Paris, Les Belles Lettres, 1933, livre 3, paragraphe 395c)
- **Citation 2 :** « Nous avons plaisir à regarder les images les plus soignées des choses dont la vue nous est pénible dans la réalité [...]. La raison en est qu'apprendre est un plaisir [...] ; en effet, si l'on aime à voir des images, c'est qu'en les regardant on apprend à connaître [...]. » (ARISTOTE, *La Poétique*, Paris, Seuil, 1980, chapitre 4, 48b9-12, p. 43)
- **Citation 3 :** « Le génie est la disposition innée de l'esprit (ingenium) par laquelle la nature donne les règles à l'art. » (KANT [Emmanuel], *Critique de la faculté de juger*, Paris, Vrin, 1965, p. 138)
- **Citation 4 :** « La beauté n'est pas une qualité inhérente aux choses elles-mêmes, elle existe seulement dans l'esprit qui la contemple, et chaque esprit perçoit une beauté différente. » (HUME [David], *Essais esthétiques*, Paris, GF-Flammarion, 2000, p. 140)
- **Citation 5 :** « Lorsque [quelqu'un] dit qu'une chose est belle, il attribue aux autres la même satisfaction ; il ne juge pas seulement pour lui, mais pour autrui et parle alors de la beauté comme si elle était une propriété des

choses. » (KANT [Emmanuel], *Critique de la faculté de juger*, Paris, Vrin, 1965, partie 1, paragraphe 7, p. 74)
- **Citation 6 :** « La beauté ne sera donc plus une idéalisation de la forme objective, ce sera la beauté de l'âme elle-même, l'expression de ce qu'elle a de plus intime. » (HEGEL [Georg Wilhelm Friedrich], *Esthétique*, Paris, Flammarion, 1979, tome 2, p. 272)
- **Citation 7 :** « Supposons que nous nous perdions à contempler l'infinité du monde dans le temps et dans l'espace [...]. Il y a là un ravissement qui dépasse notre propre individualité ; c'est le sentiment du sublime. » (SCHOPENHAUER [Arthur], *Le Monde comme volonté et comme représentation*, Paris, Librairie Félix Alcan, 1912, p. 212-213)
- **Explication a :** le génie de l'artiste est un talent naturel, donc c'est une expression de la nature qui donne par là ses règles à l'art.
- **Explication b :** l'art est un langage, un mode de communication de l'artiste avec son public.
- **Explication c :** l'art doit être au service de la morale en représentant les vertus et non les vices.
- **Explication d :** la beauté est une qualité subjective et relative à l'observateur.
- Explication e : l'art n'est pas autre chose que ce qui, à un moment donné, est reconnu comme tel.
- **Explication f :** le sublime est un sentiment produit par la vision de ce qui nous dépasse et nous anéantit.
- **Explication g :** l'art est une forme de connaissance, et le plaisir esthétique est lié au plaisir de connaitre.
- **Explication h :** une œuvre d'art n'est pas figée une fois pour toutes dans un objet ou un texte, mais est ouverte à

de multiples interprétations.

- **Explication i :** la beauté artistique doit représenter la beauté de l'âme.
- **Explication j :** le beau est censé être perçu par tous de la même façon, comme si il était dans les choses elles-mêmes et non dans notre regard.

CHOISISSEZ UN SUJET BAC ET CONSTRUISEZ LE PLAN DE VOTRE DISSERTATION EN Y ASSOCIANT, SI POSSIBLE, CERTAINES DES CITATIONS ET DES EXPLICATIONS REPRISES CI-DESSUS.

- L'art peut-il se passer de règles ? (bac S 2010)
- L'art peut-il se passer d'une maitrise technique ? (bac T 2010)
- L'art transforme-t-il notre conscience du réel ? (bac S 2008)
- Peut-on aimer une œuvre d'art sans la comprendre ? (bac T 2008)
- Les œuvres d'art sont-elles des réalités comme les autres ? (bac L 2007)
- L'art nous éloigne-t-il de la réalité ? (bac T 2007)
- La sensibilité aux œuvres d'art demande-t-elle à être éduquée ? (bac S 2005)
- L'artiste ne cherche-t-il qu'à divertir ? (bac T 2004)
- Pourquoi sommes-nous sensibles à la beauté ? (bac ES 2003)
- Sans l'art parlerait-on de beauté ? (bac L 2002)

Rendez-vous sur lepetitphilosophe.fr et découvrez :

Plus de 1200 analyses
Claires et synthétiques
Téléchargeables en 30 secondes
À imprimer chez soi

ISBN version numérique : 978-2-8062-4459-8
ISBN version papier : 978-2-8062-4437-6
Dépôt légal : D/2017/12603/587

Schémas réalisés par Alberto Molina Pérez, doctorant en philosophie des sciences (Université Paris I-Panthéon-Sorbonne)

Conception numérique : Primento,
le partenaire numérique des éditeurs.

Made in the USA
Monee, IL
07 July 2026

56545200R00020